ENCORE UN MOT

SUR L'ESPAGNE;

PAR M. E. M.

Sanctius his animal, mentisque capacius al et
Deerat adhuc, et quod dominari in cætera posset:
OVIDE.

PARIS,

CHEZ TOUS LES MARCHANDS DE NOUVEAUTÉS.

1825.

AVANT-PROPOS.

Différentes circonstances ont retardé la
publication de cet écrit : l'auteur était en
Espagne quand il y mit la première main ;
de retour en France depuis peu de jours,
il a trouvé plusieurs écrivains établis dès
long-tems, sur le terrain qu'il avait voulu
reconnaître : son ouvrage avait ainsi perdu
quelque chose du mérite de l'opportunité ;
il se rappela cette maxime : « *Ter repe-
tita nocent* », et le relégua dans son por-
tefeuille.

Cependant quelques amis se sont récriés
contre cet arrêt ; ils ont cru remarquer
assez de vérités neuves dans cet opuscule
pour lui faire les honneurs de l'exhuma-
tion. Le cadre en a été retréci, suivant
que l'état actuel de la question a paru devoir l'exiger, et nous espérons que tel
qu'il est, le public ne le jugera pas tout-
à-fait indigne de son intérêt. *Sat citò, si
sat benè.*

ENCORE UN MOT

SUR L'ESPAGNE.

Dans un moment où les regards de l'Europe sont tournés avec une douloureuse anxiété sur l'Espagne, tout ce qui porte quelque lumière sur l'état de ce malheureux pays est accueilli du public avec une avide curiosité : cette disposition doit avoir un caractère d'empressement plus prononcé en France, où les intérêts nationaux, l'honneur du gouvernement, et peut-être les passions d'un plus grand nombre d'individus, se rattachent plus particulièrement à la question de la prospérité de la péninsule.

La situation géographique des deux empires, les liens qui ont long-tems uni les deux couronnes, et même les invasions successives de nos armées, ont habitué les deux peuples à un échange de relations tellement en harmonie avec leurs besoins, que les destinées de l'un ne peuvent être en péril sans qu'il en résulte

1

quelques chances de bouleversement dans les destinées de l'autre.

Aujourd'hui que cette réprocité d'influence a perdu tout caractère d'égalité ; aujourd'hui que l'opinion de la France donne le mouvement et la vie au monde civilisé, comme naguère ses armes lui donnaient la loi ; aujourd'hui que la vieille gloire de cette monarchie, rajeunie par de nouveaux trophées, couvre toutes les illustrations d'une même auréole, et que sa haute fortune, préparée par la sagesse, fondée sur l'industrie et la liberté, la valeur et le dévoucment, paraît assise sur des bases inébranlables ; aujourd'hui, dis-je, quelque prépondérante que soit notre position vis-à-vis d'un pays appauvri par les circonstances, ruiné par les exactions, ensanglanté par le fanatisme, affaibli, déchiré par les factions, et dévoré par l'anarchie ; aujourd'hui même, qui pourrait assurer en thèse générale que nous n'aurons rien à souffrir de cette agonie de nos voisins? Personne ne sera tenté de donner un tel démenti au bon sens. Nous vivons dans un siècle où les questions d'intérêt public sont à la portée de tout le monde.

Quesi nous passons des généralités aux applications tirées des derniers événemens, que de motifs; que de mobiles de plus à notre sollicitude!

Près de deux cents millions ont été enfouis en Espagne ; qui nous en garantira le remboursement, si les finances y sont entièrement épuisées, si toutes les sources du crédit y sont taries?

Nos soldats occupent les principales places de la péninsule. Sans doute c'est un gage de future bonne foi, c'est un puissant moyen d'influence sur les hommes et sur les choses ; sans doute il y a un grand parti à tirer de cette position ; mais n'y en avait-il pas un plus grand encore dans les antécédens qui l'ont amenée? Qu'importent tous ces avantages? quel bien en résultera-t-il, tant que, d'un côté, il y aura anarchie, désordre, dilapidation, impuissance et mauvaise volonté, et que, de l'autre, on ne montrera qu'impéritie ou faiblesse? Notre argent ne nous en rentrera pas un jour plus tôt; nous n'en serons pas mieux payés, même de l'intérêt de nos avances, et nous n'en serons pas moins obligés de trouver dans nos impôts de quoi payer les intérêts de nos emprunts. Notre commerce n'en sera pas plus protégé, plus favorisé de l'autre côté des Pyrénées, où la misère, les *avanies*,

l'oppression , en arrêtant l'essor de l'industrie, auront pourtant rendu indispensables les
importations étrangères. Toutes les transactions d'une frontière à l'autre demeureront
paralysées , et nos pays méridionaux, privés
du débouché le plus considérable de leurs produits, en verront incessamment diminuer le
débit, et subiront, quoi qu'ils fassent, cet état
de malaise qui attaque le corps social , lorsque l'équilibre est rompu entre le prix et la
valeur des consommations. Ceci n'est pas une
vaine déclamation; il ne s'agit pas d'une de
ces prophéties faussement hasardées par la
malveillance, pour être recueillies et exploi-
tées par la passion; la conséquence que j'an-
nonce est tellement rigoureuse que déjà elle
se fait sentir de la manière la plus déplorable :
il est impossible à l'observateur le moins im-
partial d'en nier ou d'en méconnaître les effets. Entrez dans les villes , parcourez les
campagnes de ces riches et populeuses con-
trées. Ces nombreuses manufactures naguère
si florissantes , qui fournissaient à la classe
agricole et industrieuse de nos voisins, les
objets de première nécessité , vous les verrez
dépérir faute d'aliment; ces champs fertiles
dont votre œil satisfait embrasse avec orgueil

le riant aspect, vous les verrez dédaignés par
le capitaliste calculateur ; ces belles moissons
qui portent dans votre esprit des idées de
prospérité et de richesse, vous les verrez en-
tassées d'année en année dans les greniers du
cultivateur, où elles attendent en vain d'être
converties en espèces. Partout vous trouverez
le commerce languissant, les propriétés dé-
considérées, et le propriétaire se débattant,
comme Tantale, entre l'abondance et la misère, ruinant ses affaires pour subvenir à ses
besoins, et livrant sa fortune aux usuriers
pour payer ses impôts.

Je viens de faire la part des intérêts maté-
riels qui appellent notre attention sur l'Espagne, et je crois qu'il y a de l'exactitude dans
le simple aperçu que j'en ai tracé. Pour bien
des gens la question politique se réduit là ;
il n'y a plus rien, suivant eux, là où il ne peut
y avoir ni chiffres, ni calcul : à la bonne heure,
cette doctrine de l'ancienne diplomatie peut
bien, comme tant d'autres, avoir ses partisans
et ses coryphées, et nous ne voulons faire de
procès à personne pour penser comme Riche-
lieu et M. de V. Quant à nous, qu'il nous soit
permis de croire que, pour une grande nation, il est des considérations d'une nature

encore plus importante, ce sont celles qui se rattachent à la morale et à la justice. *Morale*, *justice*, ce sont de bien beaux et de bien grands mots, qui se trouvent aujourd'hui dans la bouche de tout le monde, et qui ne signifient pas davantage que ces exclamations d'enchantement, d'admiration ou d'enthousiasme, qui *échappent si naturellement* à nos merveilleux de salon. Il serait tems qu'on s'entendît enfin sur leur véritable acception ; ils ne seraient probablement pas si vulgaires, mais l'application en serait peut-être d'un usage plus général. Il appartient au gouvernement de produire ce miracle ; c'est toujours par la tête que doivent commencer les conversions, si on comprend dans les moyens de succès l'influence de l'exemple. Certes, jamais circonstance plus favorable ne se sera présentée ; s'il cherche une occasion, il va la trouver toute faite : l'Espagne est là, qui ouvre un vaste champ à ses nouvelles et bienfaisantes inspirations : ce sera entrer en scène, un peu tard, sur un théâtre où le premier rôle n'est pas facile, et où les délais et les hésitations ont encore accru les difficultés ; mais en fait de réparation, il vaut mieux tard que jamais.

Lorsqu'il fut sérieusement question d'in-

tervenir à main armée dans les affaires de la
péninsule, l'opposition était puissante dans
l'opinion; elle comptait plus d'un organe redoutable dans les chambres et dans le conseil.
La raison politique, qui n'est autre que celle
de l'intérêt général, n'était pas déterminante;
c'était le côté faible des partisans de la guerre :
dans une controverse soutenue par des adversaires éclairés, il ne leur était pas facile de
prouver qu'il y avait avantage réel pour la
France à exposer son or, ses soldats, sa fortune, pour le triomphe d'une idée métaphy-
sique dans le sens absolu, et dont l'application
relative, chère à tous les Français, n'avait à
craindre chez nous ni contradiction ni at-
teinte : il ne leur était pas plus aisé de persuader à la nation qu'il n'y avait ni danger ni
imprudence à ouvrir une nouvelle carrière à
tous les mécontentemens, à toutes les ambi-
tions trompées, à toutes les espérances coupa-
bles, et en se précipitant en aveugle dans le
vague de l'avenir, à faire entrer encore une
fois les combinaisons du hasard, ou les ca-
prices du sort dans la balance de nos destinées. Ils comprirent qu'ils seraient battus sur
ce terrain d'une froide polémique; obligés de
s'appuyer sur d'autres argumens, ils se dé-

pouillèrent habilement des formes du publi-
ciste pour faire entendre le langage du phi-
lantrope. Alors la morale publique fut invoquée ; alors les lois de l'*humanité* devinrent
prépondérantes, le cri de l'*humanité* servit de
cri de ralliement ; les malheurs, les besoins de
l'*humanité* exigèrent des sacrifices : ils en ap-
pelèrent à l'honneur, à la générosité de la
France, à la magnanimité du monarque.
« Quoi! disaient-ils, hommes d'état au cœur
» sec, ministres sans dignité et sans entrailles,
» conseillers sans délicatesse et sans caractère,
» héritiers sans pudeur de la politique ma-
» chiavélique de la république et de l'empire,
» vous passez votre tems à écrire des notes,
» vous bornez vos efforts à employer des
» voies conciliatrices! Est-ce ainsi que vous
» essayez de transiger avec la révolte, vous,
» instrumens de la légitimité, préposés à sa
» défense, élevés et salariés pour sa conserva-
» tion?..... Toutes les criailleries des alarmis-
» tes, tous les funestes présages des trem-
» bleurs, vous les recueillez avec avidité, vous
» vous en faites les échos; toutes les décla-
» mations libérales, toutes les menaces révo-
» lutionnaires, vous les présentez à votre es-
» prit comme un épouvantail, et à votre con-

» science comme une excuse..... On s'égorge
» de l'autre côté des Pyrénées ; le sang des
» victimes de la fidélité rougit le sol de la pé-
» ninsule ; la religion est en butte aux persé-
» cutions ; ses ministres sont proscrits ; bien-
» tôt ils seront massacrés jusque dans le sanc-
» tuaire ; un parti implacable et féroce ne
» ménage rien dans ses déportemens furi-
» bonds ; il dépouille le monarque des attri-
» buts de la majesté royale ; il l'insulte, il
» l'outrage, il l'abreuve d'amertume, il le
» poursuit de ses blasphèmes et de ses vocifé-
» rations impies jusque dans l'enceinte de son
» palais ; un instant encore, et il va consom-
» mer le dernier des attentats. Mais qu'im-
» porte tout cela à la sensibilité de nos pro-
» fonds politiques ? Ce qu'il faut avant tout,
» c'est le triomphe de la raison d'état, et,
» dans les idées du jour, la raison d'état n'est-
» elle pas une question de chiffres ? Aussi,
» voyez-les calculer, le compas à la main, le
» plus ou le moins d'avantages, le plus ou le
» moins d'inconvéniens, le plus ou le moins
» d'opportunité ; et puis avons-nous bien le
» droit d'intervenir dans une discussion à la-
» quelle nous sommes étrangers ? Ne serait-ce
» pas un peu malhonnête d'entrer dans un pays

» les armes à la main pour faire changer le
» pouvoir de place, pour détrôner l'anarchie
» et la révolte, et rendre au souverain légi-
» time sa liberté et sa puissance? L'indépen-
» dance des nations ne sera-t-elle pas mena-
» cée par une semblable tentative? Cet anté-
» cédent n'aura-t-il pas une funeste influence
» dans les futures relations de la force avec
» la faiblesse? Peut-on consacrer sans danger
» de pareils principes dans le code des na-
» tions? — Eh! malheureux égoïstes! à quelle
» misérable école avez-vous donc puisé de
» tels argumens? La peur peut-elle à ce point
» vous troubler la vue? Quoi! des incendiaires
» auront mis le feu à la maison de mon voi-
» sin, les étincelles qui en jaillissent menace-
» ront la sûreté de la mienne, et les incen-
» diés, près d'être écrasés sous les ruines de
» l'édifice, en appelleront en vain à mon cou-
» rage et à mon humanité, il ne me sera pas
» permis de courir à leur secours? Ce serait
» violer les principes de la justice ; il faut que
» ce soient les auteurs de cet attentat qui rè-
» glent eux-mêmes la mesure de mon inter-
» vention!... Quel renversement dans les idées!
» La justice est donc l'abus de la force? La mo-
» rale politique est donc en opposition di-

» recte avec la morale naturelle, avec l'huma-
» nité ? «

C'est ainsi que parlaient alors les organes
du parti de la guerre : je n'ai dissimulé au-
cun trait marquant de leurs véhémentes philip-
piques : et, il faut le dire, au milieu de tant
de déclamations passionnées, il y avait une ap-
parence de raison ; la France et son roi n'y
furent pas insensibles ; car on est sûr d'être
compris dans ce pays quand on fait vibrer la
corde des sentimens généreux. Une armée française franchit les Pyrénées, dirigée par ce
digne rejeton de Henri IV, dont le nom s'as-
socie désormais à tous nos genres de gloire,
comme il s'était associé dès long-tems à toutes
nos affections. Tout ce qu'on peut attendre du
génie et de la sagesse du chef, de la valeur et
de la discipline des troupes, cette armée le justifia ; en peu de mois, l'objet de sa mission fut
rempli ; la révolution, vaincue, fit acte de
soumission ; *Ferdinand fut libre de donner à
ses peuples les institutions qu'ils ne pouvaient
tenir que de lui.* Là se terminait l'œuvre du
prince généralissime ; il rentra en France sous
les arcs de triomphe élevés à sa renommée par
un enthousiasme général d'amour et d'admiration, et au bruit des acclamations de l'Eu-

rope étonnée de tant de grandeur et de modes-
tie. Aux pieds du trône où il déposa son bâton
de commandement, son front victorieux reçut
la double couronne que ses hauts faits venaient
de lui conquérir.

Dès lors toute la responsabilité des événemens pesa sur le ministère ; ce fut à son habileté que les grands intérêts de la monarchie
espagnole furent confiés.

Le discours d'ouverture de la session législative, tout en faisant connaître l'approche des
premières hostilités, laissait pourtant pressen-
tir que les Français, placés sous l'empire bien-
faisant d'une charte constitutionnelle, ne pouvaient avoir, pour but de leurs efforts, le
rétablissement pur et simple du pouvoir absolu.
C'est l'anarchie et la révolte que l'armée était
appelée à détruire ; c'est un trône nécessaire à
l'état politique de l'Europe qu'elle devait relever ; c'est un roi dans les fers, à qui un allié,
un parent et un ami tendait une main généreuse pour le mettre en position de faire tout
le bien qui était dans son cœur. « Que Ferdinand soit libre de donner à ses peuples les institutions qu'ils ne peuvent tenir que de lui »,
telle était l'expression de la pensée du monarque, et ce texte laissait naturellement sup-

poser ou que Ferdinand était disposé à faire
à ses sujets les concessions réclamées par l'état
de la société, ou qu'on était disposé soi-même
à user dans la suite de tout l'avantage de son
rôle pour l'engager à modifier l'exercice de son
autorité dans un sens favorable à la tranquillité et au bonheur de son pays. Les journaux
ministériels, tout en s'enveloppant d'une atmo-
sphère diplomatique, confirmèrent cette opinion, et les proclamations pleines de sagesse
de monseigneur le dauphin servirent à l'accréditer. Les amis, les serviteurs de la révolution
y furent considérés comme des enfans égarés,
auxquels un père outragé, mais bon et généreux, était prêt à tendre les bras. On leur ou-
vrit le chemin du repentir; on leur facilita le
retour à la fidélité; on leur promit pardon et
oubli, sûreté et protection. Un nombre considérable d'entre eux, désabusés par les excès
de la révolution, et pleins de confiance dans
les paroles de paix qui leur étaient adressées,
désertèrent la cause constitutionnelle. On put
croire que l'abîme des discordes civiles se fer-
merait en Espagne, comme en France, par la
clémence et la générosité : la chose était si facile! Les saturnales de l'anarchie avaient fait
naître dans les premières classes un profond

dégoût pour les principes démagogiques, et le bas peuple, d'abord spectateur impassible et indifférent des changemens survenus dans le gouvernement, avait été élevé à la haine de la constitution par les membres tout puissans du clergé régulier, dont le nouvel ordre de choses attaquait l'influence individuelle, et menaçait même les corporations d'une prochaine dissolution. D'un autre côté, il n'y avait pas eu de spoliation; la masse de la nation n'avait pas été froissée dans sa fortune, et la courte durée du régime constitutionnel n'avait pas permis à la génération naissante de se pénétrer des principes corrupteurs des théories révolutionnaires. On pouvait être humain, juste et généreux sans danger et sans inconvéniens.

Sur ces entrefaites, la régence fut installée et investie, durant la captivité du roi, de la plénitude de sa puissance. Créée par l'ascendant de la politique française, on attendait de cette assemblée des mesures paternelles et conciliatrices. Quelques hommes pourtant, qui connaissaient mieux le terrain, et c'était des mieux intentionnés et des plus éclairés de la nation, virent avec peine cet acte de magnanimité, ce gage de bonne foi et de désintéressement du prince pacificateur; ils avaient es-

péré que S. A. R. se ferait une plus belle part
d'autorité dans les affaires de l'état, jusqu'à
ce qu'il pût en remettre le libre et entier exercice à l'auguste captif dont il venait briser les
fers ; ils étaient convaincus que c'était l'unique moyen de rappeler la confiance, d'inspi-
rer la sécurité, de contenir les partis et d'empêcher la ruine de la monarchie. Ces regrets
d'ailleurs étaient superflus ; tout le monde sait
que ce plan était impraticable, d'après la base
d'opérations que nous avions adoptée, et qui
nous avait même été tracée du dehors, s'il
faut en croire la maladroite déclaration qu'un
ministre ne craignit pas d'en faire à la tribune.

Quoi qu'il en soit, à peine la régence était en-
trée en fonctions, qu'on ne tarda pas à s'aper-
cevoir que l'esprit de parti le plus aveugle allait
présider à ses délibérations ; la violence signala
ses premiers pas dans la carrière du gouvernement ; on eut constamment à lutter contre
la tendance de sa politique. La contradiction
irrita cette royauté à terme ; n'osant montrer
ouvertement tout son mécontentement, elle
intrigua sourdement ; elle excita des troubles,
ou du moins elle les toléra. La Navarre s'agitait ; d'indécentes proclamations où le nom

du prince généralissime n'était pas ménagé, et où l'on cherchait à soulever la population contre l'armée, coururent les provinces : et cependant une forte réaction se faisait sentir de toutes parts; la vengeance agitait partout le poignard; les prisons regorgeaient de malheureux; la persécution atteignait jusqu'aux individus placés sous la sauvegarde de la loyauté française..... L'immortelle ordonnance d'*Andujar*, dont on a parlé si diversement, dont on a dit tant de bien, à si juste titre, et tant de mal si injustement, vint porter un adoucissement à cet état de choses ; tous ces germes de dissension furent étouffés ; tous ces foyers d'incendie furent éteints.

Le retour du roi fit renaître toutes les espérances. Un roi est placé si haut dans l'édifice social; il est si fort au dessus des petites passions qui agitent et entraînent l'espèce humaine, que son cœur ne peut vouloir que le bien général; il suffit de lui montrer la route de la vérité pour la lui faire suivre ; mais il y a tant de gens qui vivent du mensonge, qui sont intéressés à l'exploiter!

Ferdinand fut mal conseillé : quelques affidés des membres influens de la régence, quelques membres fanatiques du clergé étaient arrivés à son oreille ; ils gâlèrent tout. On lui fit entendre que la religion désapprouvait toute espèce de pacte entre son peuple et lui ; il avait reçu son autorité d'en haut, il ne pouvait sans crime en céder une seule fraction. On lui remit sous les yeux les négociations que nous avions entamées avec les cortès, les transactions que nous leur avions proposées. On nous dépeignit avec de fausses couleurs ; on le mit en garde et en défiance contre nos intentions. La conséquence de ces perfides manœuvres était naturelle : ses premiers actes légitimèrent les actes de la régence ; il fut démontré à tout le monde qu'il allait marcher dans la même voie et suivre les mêmes erremens ; mais, comme dans la carrière de l'arbitraire l'impulsion croît de plus en plus , en raison du tems et de la distance , chacun put prévoir aussi qu'il laisserait loin derrière lui ses prédécesseurs.

Le court intervalle entre l'arrivée du roi et le départ de Mgr le dauphin fut rempli de tracasseries dont nous venons d'expliquer la cause. La reconnaissance ne parut pas agir d'une manière prépondérante sur les déterminations de la cour; S. A. R. n'eut rien moins qu'à se louer des dispositions du cabinet de

Séville. Le but de sa mission était atteint ; le sentiment de sa dignité ne lui permettait pas de s'engager plus avant sur le terrain de la discussion ; c'était au ministère à terminer son ouvrage, elle lui en laissa le soin et la gloire.

Ainsi, la question politique était intacte quand le prince quitta l'Espagne ; pas une fausse démarche n'avait été hasardée, pas une mesure imprudente n'avait compromis notre position : la sagesse elle-même semblait avoir guidé tous les pas du guerrier pacificateur. L'occasion était belle : le sentiment de nos services était récent ; il en imposait même aux esprits les plus malveillans ; la masse influente de la nation, cette partie de la population qui fait pencher la balance, les gens éclairés, les grands propriétaires, les capitalistes, tous les amis de leur pays avaient mis en nous toutes leurs espérances ; ils nous excitaient de leurs vœux; ils nous encourageaient de leurs prières; ils nous soutenaient de leurs efforts. D'autre part, le gouvernement était sans argent, sans ressources, sans appui véritable; il ne pouvait rien faire; il ne pouvait rien être que par nous; il avait besoin de nos soldats pour le protéger, de nos finances pour lui donner le mouvement et la vie. Enfin, pour dernier avantage, l'armée formidable des moines, les vétérans de l'inquisition, les parasites du *bon plaisir*, toutes ces colonnes mobiles du despotisme, se trouvaient sans plan de campagne; ils n'avaient pas de point de ralliement; leurs avant-postes n'occupaient pas encore toutes les avenues ; leurs batteries n'étaient pas dressées ; ils n'étaient pas en mesure ; inquiets, découragés, ils ne soupçonnaient pas le secret de notre faiblesse; ils calculaient les probabilités et s'attendaient à être vaincus.

Il était alors bien facile de prendre sur les partis l'ascendant de la force, et sur le gouvernement, celui de la raison. Si on avait agi avec l'habileté, la persévérance et l'énergie convenables, on eût obtenu, dès ce moment, pour les peuples de la péninsule, des institutions qui eussent assuré le règne des lois, et leur eussent garanti la jouissance d'une liberté calculée sur les proportions de leur capacité morale, en harmonie avec leur éducation, leurs besoins et leur caractère.

Sous une administration forte et paternelle, l'Espagne aurait pu cicatriser les blessures occasionées par une longue série de maux. La confiance aurait rétabli son crédit ; ses finances se fussent peu à peu relevées de leurs ruines; son état militaire eût été reconstruit sur un pied respectable; toutes les branches du service public se fussent organisées sur les bases de l'ordre, de l'économie et de la justice; ses relations extérieures eussent repris leur caractère de dignité et d'indépendance; elle aurait retrouvé son rang parmi les nations; un même sentiment d'amour et de vénération eût groupé tous les citoyens autour du trône réparateur auquel on eût été redevable de tant de bienfaits.

Premiers auteurs de cet état de prospérité, les Français en eussent recueilli aussi les premiers avantages; ils eussent trouvé, dans la fortune publique, la meilleure garantie de leurs sacrifices, et dans la reconnaissance nationale, le gage le plus assuré de leur influence politique. Le cabinet des Tuileries eût acquis au dehors considération et puissance, au dedans, popularité et consistance.

Le ministère eût bien mérité du roi et de la patrie; il eût bien mérité de la civilisation européenne; il se fût attiré les bénédictions de l'humanité.

Un si glorieux résultat était au dessus de ses forces; peut-être même n'était-il pas l'objet de son ambition : nous parcourons une époque où les hommes d'état recherchent avec plus

d'empressement les suffrages des boules blan-
ches que ceux de la postérité.

Je ne saurais pas faire exactement la part
qu'ont eue ces idées spéculatives dans l'action
que nous avons exercée sur les affaires intérieures de la péninsule ; mais, à en juger par
l'événement, il est à croire qu'elle n'a pas été
sans importance.

A peine l'armée des Pyrénées avait-elle re-
passé la Bidassoa, que le gouvernement espagnol, jusque là retenu par un reste de pudeur,
marcha à pas de géant dans la carrière où il
n'avait paru se hasarder qu'avec une sorte de
timidité, et se livra sans mesure à toute la violence de ses haineuses et impolitiques inspirations. Bientôt tous les actes émanés de l'autorité durant les trois dernières années furent
anéantis ; les emprunts furent rayés de la dette
de l'état ; les acquéreurs des domaines nationaux furent dépouillés ; tous les contrats ci-
vils, les transactions de toute espèce marqués
au coin de la législation des cortès, furent
frappés de nullité ; tous les titres, toutes les
distinctions, tous les emplois accordés sous le
régime précédent furent révoqués ; toutes les
fortunes, toutes les notabilités eurent leur part
d'humiliation et de souffrance dans ce boule-

versement général. Ce n'est pas tout : la réaction , après s'être exercée sur la position sociale des masses, jalouse d'elle-même, impatiente du mal qui lui restait à faire, dirigea ses coups sur les individus. La délation fut encouragée ; des catégories de proscription furent dressées ; des listes de suspects furent ouvertes ; des armées d'alguazils envahirent le domicile des citoyens ; les prisons regorgèrent d'infortunés ; des décrets de sang furent signés ; des tribunaux d'exception , des commissions militaires remplacèrent l'action de la justice ; les places publiques se couvrirent d'échafauds, et l'Espagne entière d'un voile de deuil ; la contre-révolution , après avoir promené le glaive sur tout un côté de la nation, le tourna indistinctement contre ses amis et ses ennemis ; des instrumens de persécution furent persécutés à leur tour ; la tête de l'hydre elle-même ne fut pas exempte de la destinée commune ; des ministres, qui s'étaient endormis dans le sein de la puissance, une sentence de mort à la main , se réveillèrent dans l'exil ou dans les cachots.

Cependant le gouvernement, tout en trahissant les devoirs qui lui étaient imposés pour la tranquillité et le bonheur de ses peuples , ne satisfaisait pas davantage aux conditions de sa propre existence. L'état politique de la nation n'était pas plus florissant que son état moral. Le désordre régnait dans toutes les administrations ; les gouverneurs de province, vrais proconsuls de la *Camarilla*, étaient sans responsabilité ; la magistrature civile sans force et sans considération ; le pouvoir judiciaire sans dignité et sans appui ; le trésor royal était ruiné ; les finances étaient épuisées ; les sources des revenus publics taries ; la voie des emprunts fermée. Pas d'autre armée que quelques bandes déguenillées, sans discipline, sans esprit militaire, sans fidélité au drapeau, en proie au besoin, et peu disposées aux privations ; nulle police locale, nulle surveillance, nulle sûreté ; le brigandage organisé sur tous les points, avec les forces de la misère, l'activité de la vengeance et les ressources du désespoir ; les campagnes rançonnées ; les grandes routes envahies ; le voyageur dépouillé jusque dans le voisinage des grandes villes ; le crime, enhardi par la faiblesse et l'impuissance, encouragé par l'impunité, se vantant publiquement de ses exploits ; tous les ressorts de l'état brisés ; tous les pouvoirs expirans dans les convulsions de l'anarchie; toutes les parties de l'édifice social en ruine : tel est l'épouvantable tableau que présente un pays où nous sommes entrés *pour porter la paix.*

Maintenant, dites-nous, hommes de bien, qui avez décidé la guerre, apôtres de la morale, ardens défenseurs de l'humanité, pourquoi avez-vous laissé déshonorer votre ouvrage? pourquoi votre bouche est-elle demeurée muette au récit de tant de calamités? pourquoi l'artillerie de votre éloquence n'a-t-elle pas troublé le sommeil léthargique du ministère? pourquoi ne l'avez-vous pas rappelé au sentiment de ses devoirs, *de son honneur* et de sa dignité? Personne plus que vous n'était intéressé à lui demander compte de ce qui se passait de l'autre côté des Pyrénées. C'est vous qui l'aviez engagé sur le terrain où vous l'avez vu s'égarer; c'est vous qui partagiez avec lui la responsabilité des événemens. Est-ce que votre pitié, votre intérêt, votre appui ne s'étendraient pas au delà du cercle de vos passions? est-ce que la profonde sensibilité de votre cœur ne serait qu'un simple résultat des calculs de votre esprit? Cette morale sévère, dont vous invoquiez si chaudement les préceptes, serait-elle plus complaisante que vous n'avez jugé à propos de nous le laisser voir? aurait-elle deux faces, deux caractères, deux poids et deux mesures ? N'auriez-vous de larmes que pour une seule espèce d'infortunes? A Dieu ne plaise que je vous fasse l'injure de le croire ! mais alors pourquoi garder le silence? c'est à vous d'élever la voix.

« Ministres du roi, direz-vous, nous vous
» avons conseillé la guerre ; nous avons osé
» en garantir le succès ; il était confié à la con-
» duite d'un Bourbon et à la valeur d'une ar-
» mée française ; notre confiance n'a point été
» trompée ; la victoire nous a couvert de ses
» ailes, la sagesse nous a gagné tous les cœurs;
» nous avons eu la force et la puissance pour
» consommer le grand œuvre que nous avions
» cru devoir entreprendre : nos vues étaient
» pures. Après la gloire de relever le trône
» chancelant d'un monarque issu du sang de
» nos rois, nous ambitionnions surtout celle
» de faire le bonheur du peuple que la Pro-
» vidence avait placé sous ses lois. Ministres
» du roi, nous songions aussi aux intérêts et
» à la grandeur de la France. D'une part, l'in-
» cendie révolutionnaire nous faisait peur ; il
» fallait en détruire le foyer ; de l'autre, la
» renommée, qui nous attendait, nous faisait

» envie , il fallait la conquérir. Quel rôle nous
» étions appelés à jouer ! Restaurateurs d'une
» monarchie en lambeaux, nous n'avions be-
» soin que d'un peu de persévérance et d'habi-
» leté pour en être à la fois les pacificateurs ,
» les pondérateurs et les pilotes. Triomphe
» des armes, triomphe de principes , triom-
» phe de politique, rien ne devait nous man-
» quer ; le coup était décisif, ses conséquences
» sur notre avenir étaient incalculables...........
» Ministres du roi, répondez : comment avez-
» vous rempli votre tâche? Depuis que la
» conduite des affaires est entre vos mains,
» tous les élémens de trouble et de désordre,
» déchaînés sur le sol de la péninsule, sont ve-
» nus s'y liver un combat à mort. La tempête
» politique a tout bouleversé , tout mis en
» question ; la société est retombée dans le
» chaos; le sort de l'état est devenu un pro-
» blème que le tems seul peut résoudre. Qu'a-
» vez-vous fait du sceptre de sagesse que vous
» avait légué l'héritier du trône de vos rois?
» comment avez-vous usé des avantages de
» votre position? quelle influence avez-vous
» exercée? quelle opposition avez-vous mani-
» festée? quels sont les maux que vous avez
» empêchés? quel bien avez-vous produit? Vous

» étiez venus détruire l'anarchie, et vous n'a-
» vez fait que la déplacer ; le monstre n'en est
» que plus terrible et plus menaçant : vous
» avez brisé le joug révolutionnaire , et vous
» avez consolidé celui du despotisme à double
» face et à deux tranchans qui a fait si long-
» tems le malheur des peuples : vous avez
» combattu la révolte , et elle n'a fait que chan-
» ger de bannière ; vous avez repoussé l'op-
» pression , et la nation est dans la terreur ;
» vous avez travaillé pour la France , et une
» puissance du nord recueille le fruit de vos
» œuvres. *Sic vos non vobis.........* Vous n'étiez
» pas les maîtres d'agir, dites-vous, vous n'a-
» viez pas le droit d'imposer un système de
» gouvernement, de diriger l'action du pou-
» voir ; sans doute, l'emploi des baïonnettes,
» le recours à la force, l'usage des moyens
» violens vous étaient interdits ; mais le droit
» d'intervention, tel qu'il a été posé et défini
» au congrès de Vérone, ne vous était-il pas ac-
» quis ? qui pouvait songer à vous le contester ?
» Non-seulement il était dans les limites de
» votre sphère d'activité , mais dans les obli-
» gations de votre conscience, dans les inspi-
» rations de votre honneur. L'Espagne , en
» réclamant notre appui, en demandant la

» prolongation de l'occupation, n'avait-elle
» pas reconnu ce droit? et, tout en admettant
» le principe, pouvait-elle se refuser aux con-
» séquences? Se serait-elle exposée à la rup-
» ture du traité sur lequel reposaient tous ses
» motifs de sécurité? et, dans tous les cas,
» n'aurait-il pas été plus honorable de mettre
» notre responsabilité à couvert, en protes-
» tant, par notre retraite, de notre opposition
» et de notre loyauté ?......... Ministres du roi,
» nous le craignons, vous vous êtes laissé
» égarer par des sentimens peu français; vous
» avez été entraînés malgré vous à la guerre;
» vous en avez *prédit* de tristes résultats; vous
» avez voulu que *l'arbre portât son fruit*, ou
» bien.......... Mais pourrait-on concevoir tant
» de faiblesse et d'impéritie? Quant à nous,
» qui avons partagé la solidarité des événe-
» mens, nous n'acceptons pas celle de vos
» fautes. Rentrez dans la voie de la politique
» et de la morale, si vous voulez que nous
» marchions encore une fois sous la même
» bannière. »

Ce langage n'aurait peut-être pas été d'un
grand effet; mais il aurait du moins eu l'a-
vantage de persuader le public de votre bonne
foi, messieurs les doctrinaires de l'humanité;

car le public a le tort fort étrange de comparer les faits aux doctrines pour en tirer des inductions.

J'ai voulu montrer tout ce que nous aurions pu faire pour le bonheur de l'Espagne, et j'ai essayé de mettre en regard tout ce que notre intervention, dépourvue des accessoires qui devaient en faire la force et le mérite, a accumulé de maux sur cette monarchie. Si les tableaux que j'ai présentés sont vrais, et personne, je suppose, ne sera tenté d'en méconnaître l'exactitude, le lecteur aura pu juger combien il a fallu de fautes à nos hommes d'état pour détruire l'ouvrage de Mgr le dauphin, et combien de reproches la France est en droit de leur adresser, pour avoir été si peu soigneux des intérêts de sa puissance, de son honneur et de sa gloire. Je ne sache pas que personne ait présenté jusqu'ici la vérité dans tout son jour sur cette matière; et elle m'a paru tenir de trop près à tout ce qui touche à la délicatesse nationale pour ne pas la faire entendre.

Il me resterait à tracer le rapide exposé des causes qui ont amené ces tristes résultats, à suivre la marche incertaine de la politique française dans tous les événemens qui se sont succédés, et à donner la clé de son impuissance à les diriger ; mais un écrivain (1) m'a déjà précédé sur ce terrain. Cette partie de son ouvrage est fort bien classée, la discussion en est lumineuse ; ses aperçus sont pleins de finesse ; il ne me laisserait rien à dire sur le même sujet, s'il y avait toujours dans ses observations autant de justesse et d'impartialité qu'il y a de grâce et de talent. *La Note sur la situation de l'Espagne* est l'ouvrage d'un homme d'esprit, de beaucoup d'esprit. L'auteur connaît les localités ; les manœuvres de la diplomatie ne lui sont pas demeurées étrangères ; il en a pénétré, peut-être. même en a-t-il fait mouvoir les secrets ressorts. Je me trompe fort, où naguère encore il jouait un grand rôle sur un plus vaste théâtre , et j'ai plus d'une raison de croire qu'il ne tiendrait qu'à lui de fournir des documens très-précieux sur les débats de la *Camarilla* ; mais avec tout cela, il se mêle un peu de passion· dans ses jugemens. D'anciennes idées , que je m'abstiens de désigner par leur nom légitime, exercent, à son insu, sur son esprit une influence nuisible à la supériorité de sa raison. Sa haine

______

(1) L'auteur de la *Note sur la situation de l'Espagne.*

pour M. de Villèle l'aveugle trop souvent; on dirait qu'il n'est pas désintéressé dans la question : il y a, dans l'expression de ses regrets, dans l'amertume de ses plaintes, un cachet particulier, qui décèle une tendresse et une susceptibilité de père pour certaines combinaisons, dont le ministère a eu le tort de ne pas apprécier tout le mérite. Je n'ai ni l'honneur, ni le désir de connaître M. de Villèle ; je n'ai jamais eu aucune relation avec lui ; on ne m'accusera pas de partialité en sa faveur ; mais j'avoue que je ne vois pas l'avantage d'accréditer contre lui des accusations mal fondées, au milieu des reproches si graves et si nombreux qu'on a à lui faire.

Nous sommes parfaitement d'accord, l'auteur et moi, sur l'ensemble des faits, sur les principales circonstances, sur les divers incidens; nous nous entendons très-bien sur la nature des fautes qui ont été commises, sur les résultats qu'elles ont eus ; mais nous différons essentiellement dans la manière d'envisager notre position , nous ne pensons pas de même sur le choix des moyens; nous voyons les hommes et les choses sous un jour différent.

Je ne saurais, par exemple, faire un crime

à M. de Villèle de n'avoir pas été assez complaisant pour reconnaître, dans la Catalogne et la Navarre, une nouvelle Vendée, pour considérer les *Eroles* et les *Quesada* à l'égal des Bonchamp, des Lescure et des Larochejacquelein. A qui persuadera-t-on qu'il y a quelque ressemblance entre ces armées vendéennes créées spontanément par le dévouement unanime de toute une population, au cri d'indignation de l'honneur français, entre ces armées qui, dénuées de tout, ont rivalisé de valeur et de gloire avec l'élite des vainqueurs de l'Europe, qui ont planté le drapeau de la fidélité jusque dans le voisinage de la capitale, et ont fait trembler sur leurs chaises curules ces farouches et terribles montagnards, l'effroi des coalitions; entre ces braves, toujours supérieurs à leur fortune, esclaves de leurs sermens, victimes de leur loyauté, et ces misérables cohues de vagabonds accourus au bruit du désordre, armés des instrumens auxquels ils étaient habitués dès long-tems à demander leur subsistance, ou bien enlevés violemment à leurs chaumières par les menaces de mort d'un chef, et les exhortations impérieuses d'un moine? Il faut avoir une foi bien robuste pour voir des Vendéens dans ces bandes hideuses de traînards, sans dicipline, sans dévouement, sans esprit de propriété, rassemblés par la paresse et la misère, retenus par la crainte et la cupidité, redoutables seulement à leurs concitoyens désarmés, et jetés sur le territoire français par les premiers efforts du général envoyé pour les combattre. L'auteur de la *Note sur l'Espagne* nous pardonnera de trouver sa comparaison d'autant plus étrange, que nous avons lieu de croire que la gloire vendéenne doit lui être chère à plus d'un titre, et que, mieux que personne, il a été à même de juger du caractère des deux époques.

Je ne nierai pas que, lorsque ces corps royalistes ont marché avec l'armée française, il ne se soit opéré une grande révolution dans leur organisation : la plupart ont été équipés, exercés ; ils ont été soumis à l'action d'une discipline sévère, et quelques-uns ont fait très-convenablement leur devoir ; mais enfin, les Vendéens n'avaient pas eu besoin d'une armée étrangère pour mériter des éloges.

Je n'ai relevé ceci qu'en passant. Je vais suivre l'auteur dans le domaine de la politique, suivant l'ordre des événemens.

Le roi avait adopté le ministère de la régence dont le moine Saëz était le chef ; le gouvernement français avait été mécontent de ce choix, et il me semble que ce n'est pas sans raison ; les antécédens avaient donné la mesure de ce qu'on devait en attendre ; il n'offrait aucune garantie ; il éveillait toutes les inquiétudes : sa conduite ultérieure justifia de reste cette désapprobation, et la diplomatie européenne y joignit la sienne.

Dans la nécessité d'opérer un changement, le roi, qu'on avait effrayé de la politique française, ainsi que j'ai déjà eu occasion de le remarquer, chercha autour de lui une influence à opposer à la sienne ; il savait que la Russie avait été la première à plaider en sa faveur la cause de la légitimité ; c'était Alexandre qui avait décidé la question de la guerre ; c'était à Alexandre qu'il attribuait le bienfait de sa délivrance ; ce fut vers lui qu'il tourna ses regards ; ce fut sur son ambassadeur qu'il s'appuya : celui-ci dirigea tout seul les choix de S. M. Le ministère o'*Falia* fut créé par lui à notre insu et sans notre intervention. Tel a été le principe ; telle fut l'origine de l'influence russe dans les affaires de l'état. Notre ambassadeur, qui pouvait prévoir le coup, ne pouvait pas l'empêcher.

Que devait faire le ministère français après cet oubli de nos services, ce profond mépris des convenances?

Jusque là, abusé par de fausses promesses, il devait saisir cette occasion pour faire parler la dignité et la puissance nationales : le moment était arrivé de faire cesser les incertitudes, de réclamer tous ses droits, de faire valoir ceux de la civilisation et ce l'humanité, de démontrer que les nations sont pour quelque chose dans le code de la légitimité. Il fallait profiter sans délai, sans restrictions de tous les avantages de sa position, exiger des garanties, faire ses conditions, présenter son *ultimatum*. La faute n'est pas d'avoir contribué au renversement du ministère précédent ; elle est dans les hésitations, dans le défaut de plan, dans le manque d'énergie et de résolution, dans les demi-mesures.

Ici comme ailleurs, comme partout, l'auteur de la Note trahit sa pensée dominante, la marotte de sa politique; il aurait voulu qu'on fortifiât la puissance du clergé au lieu de chercher à l'affaiblir; qu'on secondât les efforts de son ambition au lieu de les arrêter; qu'on favorisât ses vues, qu'on flattât ses idées au lieu de les combattre. Le secret de son irritation et de son humeur est là tout entier : pour lui plaire, on avait dû s'entourer de moines, traiter avec eux, les pousser au pouvoir, en faire à la fois le pivot, le ressort et l'instrument de son influence. « Mieux valait, dit-il, gouverner par eux et avec eux que de ne pas gouverner du tout ; il faut bien chercher la force où elle est. »

Est-ce bien un homme qui connaît l'esprit du clergé espagnol, et qui se pique d'une susceptibilité si ombrageuse sur l'emploi des moyens, qui vient de parler ainsi ?..... Ah ! monsieur de la Note, je crains bien que votre impartialité ne soit de l'espèce qui demande justice et protection pour les uns, oppression et servitude pour les autres.

Je ne sais quelles ont été vos relations de l'autre côté des Pyrénées ; mais je me souviens que votre opinion y a trouvé, dans le tems, de puissans appuis ; un grand personnage s'est cru appelé à la faire triompher envers et contre tous, et cette prétention a excité dans le camp français une guerre de rivalité, qui s'est terminée par l'éclatante disgrâce de son auteur.

Cette circonstance vous tient à cœur ; vous en conservez de la rancune. Je conçois que votre amour-propre, blessé dans la doctrine de son infaillibité, ne pardonne pas une telle irrévérence; mais, à part cette importante considération, ne ferez-vous pas grâce à ceux qui ne peuvent penser comme vous?

Quoi! la puissance du clergé espagnol ne vous paraît pas assez bien consolidée; il faut que vous lui prêtiez le secours de votre protection, les armes de votre influence! Vous n'avez donc pas examiné l'état des choses dans la péninsule?.... vous n'avez donc pas lu l'histoire; vous n'avez pas suivi la marche de ce clergé dont vous venez nous faire l'éloge; vous n'avez pas étudié les règles de sa conduite, les principes de sa politique? Constamment ennemi des libertés publiques, il n'a jamais voulu souffrir d'autre domination que la sienne. D'envahissement en envahissement, il a fini par absorber la fortune et les pouvoirs de l'état; il a mis le trône en tutelle et la fidélité en interdit. Sa fanatique intolérance a ensanglanté les deux mondes; son ambition a perpétué les discordes; sa jalouse et inquiète prévoyance a couvert l'Espagne entière d'un voile de ténèbres. C'est à lui que la nation reproche, à juste titre, d'être restée si fort en arrière de la civilisation européenne; c'est

lui qui a préparé le degré de misère et d'avi-
lissement où elle est tombée; c'est sur lui que
doit peser la responsabilité de ses désastres et
de ses malheurs.

'Et c'est lorsque ses doctrines, toujours les
mêmes, viennent d'être irritées par la contradiction; lorsque l'édifice de sa puissance,
construit avec tant de soins et de persévérance, a été si récemment ébranlé par une
partie considérable de la population; lorsqu'il
a des défaites et des injures à venger; lorsque,
de votre côté, vous annoncez des intentions
pacifiques, des projets conciliateurs; lorsque,
vous désirez des mesures paternelles et répa-
ratrices, des changemens favorables au dé-
veloppement des lumières et de la liberté, que
vous voulez mettre ce colosse en présence de
ses ennemis, et lui laisser le soin de cicatriser
les blessures du corps social!!..... Mais vous
ne vous en servirez, dites-vous, que comme
d'un auxiliaire; et croyez-vous, je vous prie,
qu'il se contentera de ce rôle? La force des
choses ne vous entraînera-t-elle pas plutôt à
être les siens?

Peut-être retirerez-vous un avantage momen-
tané de cette alliance; mais n'êtes-vous donc
entrés en Espagne que pour river ses fers? ne

l'avez-vous délivrée du joug révolutionnaire que pour lui imposer à jamais celui d'une théocratie turbulente et insatiable? Le trône lui-même vous aura-t-il une grande obligation d'avoir agrandi la sphère d'activité d'une puissance rivale? On doit s'abstenir de consacrer des principes de morale pour en faire de telles applications.

L'influence russe n'a été invoquée que comme force d'inertie, et seulement pour échapper aux conséquences de l'influence française; elle n'est intervenue que parce qu'on lui en a montré le désir. La Russie était désintéressée dans la question; elle n'avait pas de plan arrêté; son ambassadeur a conseillé la mesure qui lui a paru la plus sage; il a désigné les hommes qui lui ont semblé le moins propres à donner de l'ombrage aux partis; ses vues ne s'étendaient pas au delà du moment présent. La création du ministère o'*Falia* a été une insulte à la prépondérance française; mais les hommes qui l'ont composé donnaient certainement plus de garanties de modération que leurs prédécesseurs; c'était donc une sorte d'acheminement vers le bien. Pourquoi donc l'auteur de la Note se prononce-t-il si vivement contre ce changement? Vous croirez

peut-être que c'est par un sentiment bien na-
turel d'amour-propre national, ou bien par la
raison toute simple qu'il n'en résulta aucune
amélioration sensible dans les affaires. Sa sollicitude n'est pas excitée par de si futiles considérations; ce qui met sa bile en mouvement,
ce sont les espérances que les libéraux en con-
çurent; espérances du reste qui ne tardèrent
pas à être déçues. Or, il était d'autant plus
impolitique et plus immoral de donner des espérances aux libéraux, que, depuis plusieurs mois,
tous les individus compris sous ce mon: *afran-
cesados*, miliciens, francs-maçons, constitu-
tionnels, etc., toute la partie de la nation, autre que le clergé et la populace, étaient livrés
au fer des bourreaux.

Après de longs tâtonnemens, le gouvernement français se rapprocha du ministère espagnol. Il eût fort bien fait de sacrifier son
amour-propre au bien général, si le bien général avait été la condition de ce sacrifice. Il
fit fort mal de négocier le rapprochement,
parce que sa condescendance ne porta que le
cachet de la faiblesse et de l'intrigue. Il ne fut
déterminé par aucune vue grande et généreuse;
sa politique, incertaine et timide, se contenta
de quelques légères concessions et de quelques

vaines promesses, auxquelles on crut avoir, dans la suite, suffisamment satisfait par la publication de ce décret d'amnistie, que l'auteur de la Note flétrit, à si juste titre, comme une cruelle et sanglante dérision, et qui sera un éternel monument de honte au ministre français dont la lâche adhésion y a attaché le nom de son pays. Cet acte de terrible et douloureuse mémoire est parfaitement analysé par l'écrivain que je viens de citer : tout ce qu'il dit des funestes effets qu'il a produits est rigoureusement juste ; toutes ses réflexions sur ce triste sujet sont on ne peut plus judicieuses. Les persécutions se trouvèrent, en quelque sorte, légalisées ; on ne put en prévoir le terme. L'Espagne, comme *l'Enfer* du Dante, devint le tombeau de l'espérance.

Une circonstance contribua à rendre le ministère français complaisant. L'époque de la session législative approchait ; on allait lui demander compte des fonds qui avaient été mis à sa disposition ; le voile de bien des turpitudes allait être levé. Il fallait, à tout prix, prévenir les interpellations de la tribune, présenter aux députés les plus récalcitrans quelques pièces justificatives de tant de dilapidations.

Une reconnaissance de trente-quatre millions fut demandée à l'Espagne. A l'appui de cette réclamation, on n'avait à offrir les états de compte que jusqu'à concurrence de la somme de vingt-un millions; le reste devait être admis sur parole. Les ministres espagnols refusèrent leur signature : ils avaient raison; c'eût été manquer à la confiance du roi, c'eût été trahir les intérêts de leur pays. M. de Villèle insista, s'emporta, menaça; et la négociation n'avança pas davantage. Chose remarquable, pour la première fois, ses adversaires étaient placés sur le terrain du bon droit; et, pour la première fois, il mit de la ténacité dans ses démarches. Convaincu qu'il n'emporterait pas la position de vive force, il se décida à la tourner. Peut-être ne refusa-t-il pas de faire quelques concessions à la circonstance; et peut-être le gouvernement espagnol sut-il tirer habilement parti de cette disposition. Mais je ne pense pas avec l'auteur de la Note qu'on doive chercher là tout le secret du succès. Par le tems qui court, un ministre des finances a plus d'une voie pour arriver à ses fins, et j'ai des raisons très-péremptoires de croire que le tableau des dépenses honteuses de la trésorerie et le porte-feuille de certains conseillers castillans donneraient sur toute cette affaire des éclaircissemens plus satisfaisans.

L'auteur dont je parle s'étend fort longuement sur la nature des relations qui ont eu lieu entre le roi Ferdinand et M. de Villèle ; il se plaint avec amertume des procédés du ministre envers S. M., qui en aurait, à plusieurs reprises, témoigné sa surprise et son indignation. Je tiens pour très-vrais tous les détails qu'il veut bien nous fournir à ce sujet, persuadé que nous ne saurions trouver de documens puisés à meilleure source. Je ne me permettrai pas davantage de rien trouver à dire au portrait qu'il nous fait de S. M. C. ; mais si quelques personnes n'étaient pas très-convaincues de la ressemblance, je les engage à consulter l'histoire de ces dernières années pour éclaircir leurs doutes.

Ce qui a surtout gagné au monarque espagnol le cœur et même l'admiration de l'écrivain, c'est la constance de ses refus à reconnaître l'emprunt des cortès comme dette de l'état. Suivant lui, c'est à la fois un acte de politique et de morale. A la bonne heure! il ne faut pas disputer des goûts ; j'ai déjà eu occasion de prouver que l'auteur de la Note et moi ne nous entendions guère sur la signification de ces deux mots. Je ne prendrai pas la peine de réfuter cette opinion, qui est à la portée de tout le monde, et qui a été combattue avec une trop grande supériorité de talent et de raison pour qu'il paraisse utile de lui opposer de nouveaux argumens.

On se demande quels ont été les motifs qui ont pu décider le ministère à souscrire à la convention du 31 août 1824, par laquelle il s'est dépouillé volontairement du droit d'intervenir dans les affaires intérieures d'un pays occupé par nos troupes et vivifié par notre argent, sans le concours général des autres puissances? La raison en est toute simple ; on la trouve dans la nature des choses. Sa position n'était plus tenable ; ses fausses combinaisons, ses fautes grossières, son impéritie, son entêtement avaient tout perdu. Il fallait en finir ; il méditait déjà la retraite, et il voulut commencer par rentrer dans le droit commun, pour avoir une réponse toute prête aux reproches qu'il prévoyait. Mais a-t-il réellement eu l'intention d'abandonner entièrement la péninsule? Non, sans doute ; ç'eût été le comble de la folie. Quelle garantie aurait eu la France de rentrer dans les dépenses énormes que venait de lui coûter le gouvernement espagnol? Les dernières guerres de notre révolution ont consacré en Europe un nouveau principe de droit public, celui de l'occupation armée jusqu'à la libération de la dette, et il n'y a pas lieu de supposer qu'on fût disposé à en négliger l'exercice. Les deux gouvernemens n'ont pas été de bonne foi dans leurs démonstrations réciproques. L'un agissait en joueur désespéré qui, prêt à quitter la partie, menace un timide adversaire de son va-tout, pour l'engager à faire l'abandon de sa mise, mais qui n'a nulle envie d'être pris au mot : l'autre manœuvrait comme ces gouverneurs d'une place assiégée qui ne parlent jamais plus haut que lorsqu'ils sont près de se rendre, afin d'obtenir de l'ennemi une meilleure capitulation. Cette fois, comme tant d'autres, le bruit finit par un accommodement à l'amiable ; les deux faiblesses se regardèrent, s'effrayèrent, et puis enfin transigèrent. Il faut pourtant avouer que dans cette circonstance tout l'avantage est resté à M. de Villèle ; il a eu l'art de se faire prier pour accorder ce qu'il était sans doute bien déterminé à exiger, et à obtenir de gré ou de force. C'est l'unique éloge qu'il nous paraisse avoir mérité depuis qu'il s'est mêlé des affaires de la péninsule. Il a tiré tout le parti possible de la mauvaise position où il s'était placé. Forcé d'abandonner le champ de bataille, il ne pouvait mieux faire : nous ne pensons pas, avec l'auteur de la Note, que ce soit encore une faute.

La dernière convention a sensiblement modifié notre position en Espagne. L'armée a été diminuée d'un tiers ; les troupes que nous y laissons doivent se borner à occuper quelques-unes des places les plus importantes où nos généraux commanderont, à l'exclusion des autorités espagnoles Il n'y aura plus d'unité d'action, de centre de commandement ; chaque chef de division correspondra pour son compte avec le ministre et en recevra directement les ordres.

Cet état de choses change entièrement la nature de nos relations avec le pays. L'armée n'aura plus, à Madrid, ce grand appareil de représentation que traîne à sa suite un grand quartier-général, et qui donnait de l'ombrage à la jalousie étrangère ; elle ne sera plus en communication constante avec le gouvernement espagnol par l'intermédiaire d'un général en chef suivant les mouvemens de la cour, et revêtu, par l'influence de sa position, d'une sorte de caractère diplomatique. Le pouvoir militaire sera restreint à ses limites naturelles. Renfermés dans l'enceinte de nos places fortes, nous nous contenterons de veiller à leur sûreté, sans nous inquiéter de ce qui se passe au dehors. Nous serons campés à Cadix et à Barcelone, comme nous l'étions jadis à Dantzik et à Magdebourg.

Ce mouvement de conversion sur nous-mêmes, ce changement de front en arrière n'a rien qui doive nous surprendre; c'est la conséquence nécessaire du traité du 31 août. A quoi bon garder la même attitude? Pourquoi donner au monde la vaine parade d'une puissance dont les ressorts sont usés, et dont on a consenti à hâter les derniers soupirs? Personne n'y serait trompé, et on n'aurait réussi qu'à renouveler les plaintes et les murmures pour lesquels on s'est montré si docile et si complaisant.

Les dispositions de cette convention auront du moins un bon effet, celui d'isoler l'armée de la population, d'éviter les froissemens, de diminuer les points et contacts, et de mettre un terme à l'irritation des esprits qui présentait chaque jour des symptômes plus hostiles et plus alarmans. Peut-être serait-on injuste de demander d'avantage à nos hommes d'état : *Pluribus attenti, minores ad singula*, ils auraient le droit de répondre : *Parvi: parva damus.* Comment exiger d'eux que leur prévoyance embrasse toutes les chances et l'avenir ? Si on leur faisait observer que l'horison politique n'est pas aussi serein que le leur montrent leurs faibles microscopes, si on voulait porter leur attention sur les nuages qui se forment vers le nouveau monde ; si on leur annonçait que le thermomètre anglais est à la tempête ; si on leur faisait prévoir le cas où l'Espagne deviendrait encore une fois le théâtre de longs et sanglans débats; si on les avertissait qu'il serait prudent de ne pas s'endormir dans une fausse sécurité, de ne pas renoncer sans réflexion à une partie de ses avantages ; si on les engageait à prendre, à l'avance, leurs précautions, à se mettre en mesure ; si on leur parlait, en un mot, de la gloire et des intértêts de la France, un sourire de pitié serait leur réponse.

Quant à l'influence de leur abandon, sur les affaires intérieures de la Péninsule. Nul doute qu'elle sera inaperçue, pour tout ce qui touche à la marche du gouvernement; puisque dès long-tems, ils ne s'inquiétaient plus de la diriger; mais relativement à la tranquillité publique, se sera autre chose. Ils n'ignorent pas que la présence des troupes françaises dans les provinces, était le seul obstacle à l'explosion du mécontentement général; ils sont bien certains que la retraite des corps disséminés dans des cantonnemens, et leur concentration sur des points isolés, laissera le champ libre à toutes les passions, mettra les armes à la main à tous les partis, servira de signal à tous les désordres. Ainsi, après avoir promené la pomme de discorde dans cette belle partie de l'Europe; après y avoir rétabli et consolidé le despotisme; après avoir appelé sur elle tous les maux de l'anarchie, après avoir prêté le point d'appui au levier qui a mis en pièces l'édifice social, nous reculons devant nos œuvres, nous fuyons devant le vaste incendie que nous avons alumé, et pour notre dernière trace de notre passage, nous laissons derrière nous la guerre civile. Tel est le résultat de la politique grande et généreuse des hommes monarchiques qui nous gouvernment. Je lègue à d'autres le soin de prouver que leur conduite est parfaitement conforme à ces principes de morale qu'ils ont si souvent invoqués, lorsqu'ils en demandaient l'application pour eux-mêmes ; ils ne manqueront pas de gens qui éleveront ce trophée à leur gloire.

Depuis que cet écrit est terminé, l'attention publique, momentanément détournée des affaires d'Espagne par l'importance de nos discussions parlementaires, semble se ranimer à la faveur de nouveaux incidens amenés sur la scène politique de l'Europe. Ce que nous avions prévu, et ce qu'il était si facile de prédire, est arrivé ; l'Angleterre s'est montrée fidèle à son instinct ; ses vieilles idées d'intérêt national ont triomphé des nouvelles conceptions de la diplomatie continentale ; elle a protesté solennelement contre les principes posés par la Sainte-Alliance, en reconnaissant l'indépendance de quelques-uns des états républicains de l'Amérique du sud, et en laissant entrevoir que les suites de ce systèmes s'étendraient successivement à toutes les anciennes colonies de la métropole espagnole, à mesure qu'elles auraient consolidé leur gouvernement et donné des gages de stabilité.

Cette déclaration péremptoire ; cette *irrévocable* détermination de la puissance maritime, qui peut jeter le plus de poids dans la balance, équivaut, à nos yeux, à un décret d'émancipation. Le cabinet de Madrid, qui devait se douter du coup de mort dont il était menacé, n'a rien fait pour le parer ; il s'est refusé à toute espèce de concessions, et par suite de cette malheureuse profession *d'immobilité* dont il s'obstine à perpétuer l'héritage, et aussi à cause de sa confiance dans la protection d'un monarque du nord, qui aspire au patronnage des faiblesses du midi. Ce cabinet est maintenant en sollicitations auprès du Tout-Puissant arbitre des légitimités malheureuses, et le monde est dans l'attente de sa destiné. Ainsi, la question espagnole est devenue européenne ; elle touche à tous les principes de droit public ; elle déborde toutes les limites des empires.

Pour vous, il s'agit de savoir si nous obéirons encore une fois à l'impulsion de la vapeur septentrionale, si nous épuiserons notre or et nos soldats pour un gouvernement qui a payé nos services de son mépris et de son ingratitude, et qui n'a trouvé dans le souvenir de ses infortunes que des leçons de vengeance, des inspirations de haine et des doctrines de sang. Il s'agit de savoir si nous enverrons l'élite de notre jeunesse périr sous le soleil des tropiques, pour une cause désespérée; si le drapeau sans tache ne ralliera la victoire que pour le bon plaisir des moines et le plus grand profit des passions; il s'agit de savoir enfin, si nous serons *chair à canon* de la Sainte-Alliance comme nous l'avons été *de l'homme du destin.* Il faudrait, pour cela, que le sentiment de la peur prévalût singulièrement dans l'esprit du président du conseil, sur celui de la vanité; il est difficile de résoudre un pareil problème.

Quoi qu'il en soit, toujours est-il certain que la manière de *prendre position*, en Espagne, se rattachait dans l'avenir à de hautes combinaisons, et que ce n'était pas sans motifs que nous demandions un peu plus de prévoyance, de sagesse et d'habileté. Ce n'est pas ici le lieu de raisonner dans l'hypothèse d'événemens incertains, et d'ailleurs encore éloignés; mais c'est à un homme d'état à ne pas se laisser surprendre par la fortune, et à se préparer, à tout hasard, les moyens de la maîtriser.

Du reste, ce que nous avions annoncé de l'influence de notre retraite sur la tranquillité de la Péninsule a été parfaitement justifié par le résultat. On a vu la société de moines et d'inquisiteurs établie clandestinement à Barcelone sous le nom de *junte génerale exterminatrice*, étendre partout ses ramifications; des juntes particulières se sont formées dans toutes les provinces et sur tous les points, le cri de ralliement a été : *Mort aux* NEGROS, *guerre à leurs propriétés et à leurs familles*; ses armes ont été le poignard et le fanatisme : nouveaux francs-juges, ils ont frappé sans danger et dans les ténèbres; leurs Séides ont atteint ceux que les alguazils avaient épargnés. Mais le but apparent de cette monstrueuse association n'est peut-être pas le plus redoutable; ses intentions secrètes, ses secrètes manœuvres, ont une importance politique qu'elle s'efforce en vain de dissimuler; elle est à la fois la tête et le bras du parti qui voudrait pousser le prince don Carlos au trône, par l'abdication de Ferdinand.

D'autre part, le parti persécuté contenu jusque-là, par la présence de nos troupes, s'agite et se réunit, il essai ses forces avant de les employer plus sérieusement. Des bandes de guérilass ont envahi l'Estramadure, elles lèvent des contributions dans les provinces de la Manche et de Cuença, elles se montrent jusques dans le voisinage de la capitale : un vieux sentiment de crainte et de respect pour le drapeau blanc qui flotte encore sur quelques cités peutseul arrêter leur audace.

L'Andalousie a été, quant à présent, à l'abri de ces excursions *constitutionnelles*, les habitans prétendent qu'ils en sont à l'abri. Nos campagnes, disent-ils, ne pourraient suffire à la fois aux besoins de ces nouveaux vsnus et à l'exigéance du brigandage armé dont elles sont inondées. Cependant, au milieu de tant de désordres et du bruit toujours croissant du conflit de tont de passions, le gouvernement continue flegmatiquement sa marche, il n'est pas encure parvenu dans la carrière de l'arbitraire, à çe point de station marqué par la nature. Les chaînes de *la justice* viennent de tomber sur une centaine de jeunes gens de famille, dont le plus âgé n'a pas dix-sept ans.

FIN.

A Paris, de l'imprimerie de Pillet aîné, rue Christine, n° 5.

www.ingramcontent.com/pod-product-compliance
Ingram Content Group UK Ltd.
Pitfield, Milton Keynes, MK11 3LW, UK
UKHW020024080726
13614UKWH00004B/1547